アイデンティティ

ジャン＝リュック・ナンシー

アイデンティティ

——断片、率直さ

伊藤潤一郎訳

水声社

sentier de la critique

批評の小径

水声社

同一性《アイデンティティ》もまた不安定な自己関係なのだとしたら、私たちが同一性《アイデンティティ》に寄せる信頼は、文明のある一つの状態を反映したものでしかなく、この状態は数世紀しか続かないだろう。

クロード・レヴィ＝ストロース(1)

私はいた　私はいなかった　誰がいなかった　いなかったのは誰か

ウィリアム・フォークナー(2)

日本語版のための序文

おそらく日本においてアイデンティティの問いは、今日フランスで提起されているのと同じような形では提起されていないだろう。しかしある意味では、日本とフランスにはある種の類似性が存在する。時を経て非常に強化されたネーションの統一性と古くからの文化的な統一性が、内部での重要な変容にもかかわらず二つの国には見られるのだ。時代を共有するようになったおおよその一五世紀以降のそれぞれの国の進展に、何らかの並行関係を見てとることは不可能ではない。フランス革命と明治維新という非常に重要な分節点さえも、同一化《アイデンティフィケーション》のプロセスを変化させることはなかった。というよりも、それらはそのプロセスの結果であると同時にそのプロセスを強化するものだった。

それに対し、二つの国が大きく異なるのは、それぞれの国の近代の歴史的軌跡と根本的な文化に関してである。

長いことフランスはヨーロッパの模範的な国の一つだった。またヨーロッパそれ自体も西洋の模範と考えられていた。しかし、二〇世紀の初頭にヨーロッパは内側から崩壊し、そこから回復することはなかった。フランスも近代の変化――技術、経済、文化の面での変化――のなかで不安定な状態に置かれることとなった。当の近代の変化に与しながらも、フランスは遠い過去の自分自身のイメージにこだわり続けていたのである。それに対し日本は、近代の力と競い合い、それに対抗するなかで打ち砕かれた。この経験は恐るべき屈辱であったが、それと同時にアジアや太平洋の新たな空間において、支配的ではないにしろ、控えめに言っても明らかに卓越したポジションを目指そうとする新しい挑戦へとつながった。大雑把な（つまり恣意的な）定式化をすれば、フランスが過去の重荷につぶされていたのに対し、日本は未来によって突き動かされていたと言えるかもしれない。

この隔たりの原因となったのは文化の差異である。おそらくフランスは数ある文化のなかでも、近代の個人主義と相対主義が最も盛んに発展した文化の一つである。カトリシズムがそのような傾向を助長し、ネーションの主張（王権神授説）と個人の主張（権利主体、評価主体）が組み合わさることを可能にしたとも言えるだろう。日本は、集団への帰属、宇宙的かつ自然的で社会的な秩序への帰属というまったく異なった文化をもっていた。日本においては、個人の主張が集団の主張と切り離されていなかったのである。集団の主張の内部においてはじめて個人の主張が姿を現すということだ。それに対し、フランスにおいてはむしろ個人の主張は集団の主張から自由になる傾向があった。

＊＊＊

現在、フランスはヨーロッパのなかでアイデンティティに関して最も動揺している国だ。ある観点から見れば、今日の私たちはフランスとは何かということよりも、ドイツやイタリアやスペインやベルギーとは何かということをよく知っている。むろん、ヨーロッパのいたるところでナショナルなアイデンティティの要求が激しくなっている。それはまさに、「ヨーロッパ」がアイデンティティに関する空間ではなく、技術や経済に関する機構でしかないからだ。

アイデンティティには根本的な法則がある。アイデンティティについて考えないときほど、自分はアイデンティティをもっていると感じるという法則だ。アイデンティティについて考えなければならないとしたら、あるいは少しでも自らのアイデンティティについて自問しなければならないとしたら、それはアイデンティティが不確かだからである。とはいえ、アイデンティティが自然で生得的なものだというわけではない。逆に、アイデンティティとはつねに行為のなかで与えられたり見出されたりするものであり、「特性＝所有物〔propriété〕」というよりも、活動や行動や関係の様態なのだ。私は私自身と同一《アイデンティカル》「である」のではなく、私は働きかけ、被り、感じ取り、分有し、判断し、疑う……。いついかなるときも「私」とは存在ではなく、言葉や思考や行動や作品や仕事という行為なのだ……。

以上が、「ナショナル・アイデンティティ」に関する押しつけがましい言説に抗うために、十年前にこの小著を書いた理由である。しかし、この十年間、そうした言説が止むことはなかった。ますます世界中でそのような言説が聞かれるようになってさえいる。なぜなら、多くの人々にとって世界こそアイデンティティの破壊や転換、変容や追放の全般的な企てだと感じられているからだ。本書によって日本の読者は、自身がどれくらいこのような感覚をもっているかを推し量ることができるかもしれない。それと同時に、むしろ「私は世界に属している」、「存在するとは世界に属することだ」と言える可能性をどの程度感じているかを推し量れるかもしれない。日本もまた世界に属している――フランスなど他のすべての国々のなかで、それらと同じように。

二〇二〇年二月

ジャン゠リュック・ナンシー

0
断片……

……そう、これらの断片は驚きから生まれた。それは、私が市民として属する国家がナショナル・アイデンティティについての国民討論を喚起しているという驚きだ[一]。ナショナル・アイデンティティが失われているというのだろうか。ナショナル・アイデンティティが明らかに揺らぐようになったというのだろうか。ナショナル・アイデンティティが危うい状態にあるというのだろうか。けれども、国家はネーションの道具でしかない。ネーションのアイデンティティを定義するのは国家ではなく、ましてや国家がネーションのアイデンティティを構成することなどない。そのうえ、こうした国家主導の議論が狙いを定めているのは、当該のアイデンティティ——肌の色、訛り、言葉づかい、宗教——の同一性《アイデンティティ》を気にかける人々の集団の結びつきを強めることでしかなく、つまりそれはこうした集団を強固にし、それと同時に国籍を希望する者に対して予防線を張ることなのである——その結果、国籍を希望する者たちはこうしたアイデンティティによって同質化されて認可されることになる。このような操作は堂々巡りを繰り返している。

ナショナル・アイデンティティが歪んでしまったというのだろうか。そうした議論をしている人々は、自らが論じているものがどのようなものかくらいは知っているのだろうか。ところが驚くべきことに、「アイデンティティ」や「ネーション」といった、少なくとも半世紀にわたって哲学や精神分析や民族学、社会学や政治学が問題を提起してきた術語が、無造作に「討論」の対象となっているのである。こうした概念や問いを運営する大臣、つまり管理者を考案しようとでもしているのだろうか。(3)

そこで、これらいくつかの断片が大急ぎで抜き出されてきたのだ。まさに堂々巡りを繰り返さないために。

これらの断片は、「ナショナル・アイデンティティ」なるものがいまやいたるところで出会っている地殻変動と変容を思考するのに不可欠ないくつかの前提条件としても読むことができる。

1 原因と帰結

なによりもまず、右派の断言（こういった人々〔移民〕はナショナル・アイデンティティに統合されようとしない）や左派の議論（移民が置かれている条件では、移民が自身のアイデンティティをもつことすらできない）に見られる、原因と結果の終わりなき反転のなかで、いくぶん鮮明に、必要ならば乱暴にでも断言する必要がある。

明々白々な因果関係を否認することなく、まずはおおまかに次のように断言しなければならない。そう、仕事も居場所もなく、都会の洗練とはかけ離れた都市化の副産物を生活条件とし、前時代的なモデルによる応急措置的職業教育しか受けられないなかでは、まさにそれを欲していようと、人々は「アイデンティティ」という地平を考えることさえできないのだ。当然のことながら、このとき人々はバラバラで小さな数々のアイデンティティに閉じこもり、これらのアイデンティティは劇的かつ頑なに〔他のアイデンティティから〕切り離されているということをアイデンティティとするようになる。

ここで問題となっているのは、人間的な同情でも社会心理が相対主義へと陥ることでもない。左派の美しき魂による順応主義は当然こうしたことを問い直すだろう。しかし、私たちは美しき魂のうちにではなく、痛めつけられた身体のうちにいるのだ。失業と都市によって、薬物と消費によって、くだらないテレビと愚鈍な説教によって痛めつけられた身体のうちに私たちは存在している。

あえて単純化して仕事の有無で考えよう。構造によって仕事が必然的にない——あるいはとても少ない——ならば、そのことを指摘して構造が生み出しているものに取り組まなければならない。逆に仕事がありうるならば——とはいえそれは、変形と言えるほど改変された構造（たとえば、資本の働き、「成長」の意味、エネルギー上の必要性といった構造）でのことだが——、それを生じさせなければならない。しかしいずれにせよ、圧縮しえないものの余地をつくることがまさに必要だろう。圧縮しえないものとは仕事でも資本でもなく、私たち全員を含む人々のことだ。

さらに、構造に由来するものは人種的特徴ではないにせよ「文化」や「メンタリティ」に帰することができるという考えを拒絶して、断言しなければならない。というのも、構造がもたらす効果はあらゆるものに関していたるところで生み出されているからである。おそらくフランスは、ヨーロッパの他の国々よりもヨーロッパ文明の変異を敏感に感じ取っている。長きにわたってフランスは、完成した「ネーション」のほかならぬ形象（共和国）とは言わないまでも、自らをヨーロッパのなかで最もはっきりとした形象の一つだと思っていられたからである。それゆえにフランスは、増水に依然として耐えていた堤防をすべて決壊させつつあるのか、それとも氾濫を転じてかわすことになるのかわからない動きにもまた、いっそう苦しんでいるのだ。

端的に言おう。フランスのものであれ他のものであれ、「ナショナル・アイデンティティ」が別のアイデンティティによって危うくされているのではない。

そうではなく、まさにすべての「アイデンティティ」が、私たちが「文明」と呼んでいたものの全般的な脱同一化《アイデンティフィケーション》を被っているのである。

もちろん、いまここにおいても——どこであれいつもどおりのことだが——働こうとせず、賃金生活者よりも多くの利得を追い求める人々がいる。けれども、薬物や武器の取引が現在ほどの規模になるには、そうした取引が許容されるだけでなく、ほかならぬ社会的、文化的、道徳的、さらには国際的なコンテクストによって求められなければならない。取引されているものへの欲求を生み出すのは密売人ではない。逆だ。社会を揺さぶるのはギャングやマフィアではない。ほかならぬ社会の動揺が、ギャングやマフィアに自由な活動の場を提供しているのだ。

2 安物の赤ワイン《グロ・ルージュ》

高級紙が報じているところによれば、二〇一〇年三月の地域圏議会選挙と二〇〇九年一一月に開始されようとしていた「ナショナル・アイデンティティ」に関する大討論という二大プログラムの方針を示す際に、国家元首サルコジは大臣たちに対して次のように発言している。「私が欲しいのは、染みをつけるグロ・ルージュだ[4]」。

この上ない言い回しだ。染みをつけるグロ・ルージュ、上質なカマンベールチーズ、多くの鐘楼の尖塔に立ついわゆるガリアの雄鶏(一)。たしかにこれらはフランスというネーションの疑う余地のないアイデンティティのしるしである。少なくとも、どうしようもなくひび割れてカビの生えた紙芝居のなかで、優に一世紀ものあいだ安らっていたフランスというネーションのアイデンティティのしるしだ。(グロ・ルージュ——もとはと言えば相当な量が必要だったために作られたものだ——は、塹壕のワインだったと言う者もいるだろう。まさに、各ネーションは自分たちの兵士の胃も破壊しつつ互いを破壊していたのだ。)

一九五七年に、ロラン・バルトは次のように書くことができた。「ワインを信じるということは、拘束力をともなう集団行為である。この神話に対していくらか距離を取るようなフランス人は、集団への同化という些細ではあるが明確な問題にさらされる。第一の問題は、まさに自分の立場を説明しなければならないということだ[5]」。それゆえ、グロ・ルージュというアイデンティティを要求する者は、自分について説明する必要がなく、自分のことを非常によく理解してもらえるのだ。

大統領にとっては気の毒なことに、この二〇年でフランスのブドウ栽培者は最も日常的な製品をめざましく改良することに成功した。外国との競争と味覚の変化という二重の圧力によって（グローバル化や消費社会といったすべてのことが、ワイン生産というミクロコスモスのなかにはある）、グロ・ルージュは消え去った。少なくとも、私たちの視界からは消え去った。とはいえ、グロ・ルージュは貧困層にとっては依然として存在しており、こうした人々は下のほうの棚に隠されたグロ・ルージュを見つける術を心得ている。

それゆえ、染みをつけるグロ・ルージュがいまだにフランスのアイデンティティの特徴を保っているとしたら、それはせいぜい過去の乗り越えられたアイデンティティでしかない。そして最悪の場合には、それは最貧困層のアイデンティティなのだ。

ところで、グロ・ルージュに関してはもっとよいことも、もっと悪いこともある。その名が示すように、染みをつけるグロ・ルージュは染みを残す。この染みはほとんど洗い落とせず、場合によってはまったく洗い落とすことができない。さらに思い出さなければならないのは、いかなる赤のニュアンスを思い描いたとしても、実際にグロ・ルージュが赤い染み《ルージュ》をつける——つけていた——わけではないということだ。それがつける染みは、ほとんど茶色に反射する紫がかったブルー・ヴァイオレットであり、「ヴィナス〔vinasse〕」という一語がしばしば結びつけられていたほどに特殊な染みをつけるのだ。この「ヴィナス」という語は、極めて劣悪なワインを指すのはもちろんのこと、色やにおいも指していた(三)。

大統領のこうした意志は何を残すだろうか。シャツやテーブルについたヴィナスな染みと、おそらくは——もちろん——地面に転がる酔っ払いか、なんとか場末の飲み屋を後にする酒飲みだろう。

3

アイデンティティは形象《フイギユール》ではない

ある国の人々に自分たち固有のアイデンティティについて公的に討論させるというプロジェクトは、致死的なプロセスを開始する。そこから不可避的に生じるのは——実際にはすでにこのプロジェクトを告知した時点で生じているが——、問題となっている国や、私たちがその性質を明らかにしようとしている「アイデンティティ」が、厳密に死んでいるわけではないにせよ時代遅れになっているという証拠だろう。これとは違ったようにするためには、討論において、「アイデンティティ」や「フランス人」といった語そのものが問い直され、乗り越えられて転覆されうるほどの根本性と規模を想像しなければならない。そんなことは無理だ、それでは計画の設計図から逸脱してしまうと言われることだろう。

そうであれば、この設計図とはいなるものなのか。それは、いわば所与の受け入れられたアイデンティティ、指し示したり分析したりすることができるアイデンティティという図式である。つまり、フランスのアイデンティティの話をする必要があるのかどうかが問われることなく、どこまで、そしてどのようにしてそうしたアイデンティティを論じる必要があるのかも問われないまま、フランスのアイデンティティがいかなる点に存し、何からできていて、何を欲しているのかを明確に述べるよう促されているのだ――それゆえさらには、フランスのアイデンティティに統合され、同化され、服従する《アスュジェティール》（「スュジェ」という語の二つの意味で、フランスの主権の「主体＝臣民《スュジェ》」になるということである。[四] すなわち、〈主権者〉の一部――フランスの人口約六五〇〇万分の一――でありながらも、〈主権者〉に従うということだ）にあたって、このアイデンティティが何を要求してよいかも明らかにするよう促されているのである。

いかなる種類の「血と土」もそうしたアイデンティティを基礎づけないということは、この討論の計画の暗黙の了解事項であると考えなければならない。このようなウイルスに対しては免疫ができていると私たちは考えている。たしかにそうなのだが、それでもやはり「フランスのアイデンティティ」という表現それ自体に、フランスの「大地」のようなものをかき立て、この大地にもとづく「家系」や「家族」のようなものを煽るよう誘い、唆しさえするところがすでにある。最近まで私たちが、この「家系」や「家族」の「祖先」をガリア人と同定《アイデンティファイ》したがっていたのは（これこそが問題だ！）、ひとえに私たちの名となっているフランク族というゲルマン的アイデンティティに私たちが属しているとみなされないようにするためだった。

こうして、私たちは「われらが祖先ガリア人」を、オクシタニー、アルザス、ブルターニュ、バスク、セネガル、マダガスカル、インドシナ（これらはいずれも詳細な検討を要するアイデンティティに関わる名称だ）の何世代かの人々に対して、夢遊病にかかったかのようにとても熱心に教えてきた。ところが、あまりの熱心さゆえ、この教科書的な表現は植民者の熱烈さをからかう決まり文句になった。それも、被植民者たちの記憶が若い世代にこのアイロニーを伝える前にそうなったのだ。二〇世紀末にフランスで生まれた子どもたちは、先祖が植民者だった自分たちの仲間を「ガリア人」と呼ぶまでになっている。かつての「ニグロ」や「バーヌース」や「シントック」、最近の「ブラック」や「ブール」――「リタル」、「ポラック」、「ボッシュ」は言うまでもなく――といった攻撃的な差別としてのアイデンティティが、なんと見事にお返しされたことだろうか。(五)

ボッシュはいなくなった。ブラックとルブ、そして多くの他の者はいまもいて、ガリア人と混ざり合っている。私たちはよく知っている。こうした人たちこそ問題なのであり、現在問われているアイデンティティに入らなければならないのは、まさにこの人々なのだということを。

しかし、ここにすでに弱点がある。というのも、あるアイデンティティに入ったり、それを身につけたりすることなどないからだ。さらに言えば、アイデンティティを修正し、その様態を変化させ、場合によっては当のアイデンティティを変形することなくしては、あるアイデンティティに同一化することなどできないからだ（アイデンティティを一つの実質や形象として扱うことに何らかの意味があると仮定して）。アイデンティティは、けっして純粋に固定的なものではなく、単に可塑的なものでもない。アイデンティティはつねに準安定的なものなのだ。

というのも、アイデンティティの力とはそれ自身に対して安定し、不滅の模造品になることではないからだ。おそらくフランスは、長いあいだ一つの偉大な形象として——当然——認められるほど強大であったため、そのように安定するということをあまりにも安易に信じることができた。けれども、アイデンティティは形象ではない。アイデンティティは、もっと微妙かつ繊細で、とらえどころのないものなのだ。アイデンティティには、ずれて形象を変化させる力がある。

それゆえに、強力な「ナショナル・アイデンティティ」が促すのは、一つの絵を分析するかのように「ナショナル・アイデンティティ」の現在のあり様を討論することではない。「ナショナル・アイデンティティ」は、新たな絵、新たな光景、新たな人物を発明するのだ。

討論を始める――あるいは終える――にあたって思いつく最初の問いは、まちがいなく次のようなものだ。なぜ、フランスのアイデンティティだけが、それ自身についての討論を提案しているのだろうか。

とはいえ、フランスはヨーロッパの一部である。ヨーロッパにおいて、人口や表象、メンタリティやライフスタイル、こういったものの変異――これらは結局のところ、現在においてであれ未来においてであれアイデンティティの変異となる――について自問しているのはフランスだけではない。厄介なことに、ヨーロッパがもはやアイデンティティをもっていないのだ。

歴史のなかに複数のヨーロッパを同定《アイデンティファイ》することも少なからず可能だろう。たとえば、大聖堂のヨーロッパ、大学のヨーロッパ、啓蒙のヨーロッパ、諸国民と征服するブルジョワのヨーロッパ、労働運動のヨーロッパといったように。しかし、こうしたヨーロッパは塹壕戦やファシズム、収容所、イデオロギー的冷戦のあいだに損なわれ、それ以来「ヨーロッパ」は慄くニンフの名に再び変わった。このニンフは、自らのアイデンティティとして残りそうなものを沈めかねない荒波にさらわれている。

ここで注意しなければならないのは、こうしたそれなりに同定《アイデンティファイ》された数々のヨーロッパ——いずれにせよ形成され、配合され、合体したヨーロッパ——は、ドイツ人、フランス人、イギリス人、オーストリア人、イタリア人、スペイン人、オランダ人、スウェーデン人、ポーランド人、チェコ人といった、あまりに長くなるのでこれ以上列挙しないが、こうした人々から構成されていたということだ。この数々のヨーロッパは、こうした複数性の組み合わせであることを特性としてさえいた。ヨーロッパは、しばしば「諸民族」の「特徴」とまさに名指されていたもの——言語、風習、気質、メンタリティ、伝統をその弁別特徴とする——からできていたのだ(6)。やがてナショナリズムがこの沃野を利用するときがやってきた。しかし私が思うに、「ナショナル」という語をつける前の「アイデンティティ」が論じられることはなかった。「特徴」、「性質」、「性格」といった語は、堅苦しかったり警察を思わせたり政治的であったりするよりも、はるかに甘美なものだったということだ。

そもそも、一般的に言って「アイデンティティ」という語は、長いこと論理学や哲学や法学の領域でだけ使用されていたもので、それ自体に対して絶えず同一的な単位という意味だった。それが一九世紀になって、身分証明書や〔軍隊における〕認識票、IDカードといった行政上の用語になったのだ。「アイデンティティ」という語がはじめて別の広がりをもって使用されるようになったのは、この語の論理的核――同一的なものとしての同一的なもの、x＝xということ――が、個人であれ社会であれ集合体であれ、何らかの単位であるxがxと異なるとしたらどうするのか、という全面的な問いただしを受けるようになったときからである。しかし、「アイデンティティ」という語は、こうした内的な他性――ヘーゲル以来、思考が語のなかでゆっくりと切り開いてきた他性――へとかろうじて開かれつつも、それ自身との等しさにおいて冷たく動かない一つの語のままであったとも言いうるだろう――ヘーゲルにとって、同一的《アイデンティカル》なものの同一性《アイデンティティ》は、「抽象的な同一性」でしかない。すでにライプニッツは、世界には同一的《アイデンティカル》で（不可識別な）具体的な二つの存在はないと述べる必要があることをわかっていた。概念の硬直が感じ取られていたということだ……。

4 フランクに[六]

フランクなアイデンティティ〔*Franche identité*〕。それは、明確で、疑う余地なく明晰で、際立ってさえいて、さらにはあからさまであけっぴろげなアイデンティティであり、決然とした真摯さで自らをさらけ出すアイデンティティである。自己紹介し、自らが「誰」であるか――もちろんアイデンティティに関する行政的コントロールによる数字やコードとは別のちょっとした「誰」であるか――を説明するためには、ある種の率直な物言い〔franc-parler〕が必要だ。それは、他者にその人がどう「見えて」いるかを言うために必要なのと同じくらいの率直な物言いである。このような決然とした真摯さは、自らをフランクだと同定《アイデンティファイ》する者の自由で独立した〔affranchi〕特徴によってのみ可能となる。このときの「フランク〔franc〕」とは、「自由民〔franc-bourgeois〕」ないし「単独行動者〔franc-tireur〕」、すなわちいかなる権威にも監督にも従わず、支配されていないという意味であるとともに、少し前までの言い回しで言えば「率直な〔franc du collier〕」という意味だ。

まさにその人が後者の意味〔=率直であるという意味〕で「フランク」であるがゆえに、その人は前者の意味〔=支配されていないという意味〕での「フランク」たりうる。つまり、その人の独立性はその人の真摯さを保証し与えるということである。真摯さとは隠すところがないということではなく、あらゆる依存状態から自由で独立していること、一切の来歴や身元や国籍から自由で独立していることの表現なのだ。

それゆえおそらく、自由で独立しているということは、完全に内在的になるということでもある。私自身が自分について断言しうるのは、強制的に私から何か別のものが奪い取られようとしているときなのだ。結局のところ、「フランス万歳！」と叫びヴァレリアンの丘で銃に斃れるのは、死の瀬戸際にある人々である。結局のところ、他者が還元せんとしたアイデンティティを、完全かつ自由で、永久に切り離された――つまり接近不可能な――かたちで解放するのは、SS――あるいは何らか別の死刑執行人――を見据える、語ることのできないまなざしである。殺人は生を抹殺し、死刑の執行はアイデンティティを無化しようとするのだと月並みに述べるとしても、あらゆる死刑執行のうちには、死刑に処せられる者から執行人へと跳ね返る断言、すなわち、けっして奪い取られえない我ここにという断言が見出されることだろう。

こうした断言は、アイデンティティに関わる一切の断言の基礎にある。自由で独立しているということ、依存していないということは、私が私自身（私の好み、欲望、恐れ）に依存しているということよりも深いところにある。つまり、はるか後方の無限に遠いところ、「私」がいかなるものであれ誰かであるということの手前にあるのだ。とはいえそれは、ある別の場所やいくつもの他の場所に由来したり、明晰な数多のアイデンティティに由来したりする一つ以上の特徴を、私が自らのアイデンティティのうちに承認したり組み入れたりするということでは断じてない。そうではなく点とは、そこからアイデンティテイ――私のアイデンティティ、彼女のアイデンティティ、彼のアイデンティティ、君のアイデンティティ――が、自らを語り、自らを表明するところなのだ。「私は在る」というフランクな点は、一切の他の形容や属性付与以前に、「私はxである」というタイプのあらゆる言表内容の可能性の条件を言い表す――つまり可能性の条件を与える。「私はxである」というタイプの言表内容においてxは、（社会的、心理的などの）何らかの情報によって解消されるような身元の不明さを第一に指しているのではけっしてない。そうではなく、xとは前提条件、「私はフランクであり、私は在る（私は私を同定する《アイデンティファイ》）と私が言いうるということ、そしていかにそう言いうるかということを、完全に独立して述べている」という前提条件なのである。

　私たちが歴史をとおしてよく知っているのは、奪い取られたアイデンティティティがいかなるものであるかということだ――たとえば、「私はキリスト教徒である」、あるいは「私はレジスタンスの活動家である」という二つの表明は、しばしば暴力や打算によって手中に収められる。重要なのは、これらの内容の真偽ではない。なぜならいずれの場合においても知るべきは、なぜ、どのようにして、そしていかなる目的で表明がなされているのかということだからだ。しかし、こうした表明が明らかにするのは次のことでしかない。すなわち、証拠を示すことや保証を提示することが第一の問題ではないところでは、フランクネス〔*franchise*〕――私が誰であるかを自由に断言できると私が請け合うこと――が十全に作用しているということである。他者によるどのような断言もそこでは何もなしえない。マラーノが用い、それと同様に――とはいえ体系性を欠いた仕方で――多くの「改宗者」がやむなく用いた意中留保は、場合によっては、イエズス会流の老獪な策略とみなされうるものだった。しかし、それでもやはり意中留保が示しているのは、どこかに侵すことのできない「自由な思考する者〔franc-penseur〕」が存在し、死刑に処して提起された問いを抹消しない限り、誰もこの者を制圧することなどできないということなのだ。いかなる権威も及ばず、私の意志や欲望さえも及ばないフランクな領域〔*zone franche*〕[七]がある。それは、おそらく「同一化《アイデンティフィケーション》」（特徴づけ、属性付与）の言葉では私が何も語ることのできない領域である。しかし、この領域が私の背後に存在していることを私は知っており、少なくとも私が自らを同定《アイデンティファイ》しようと試みることができたり、他者がそうすることを可能にしたりするのは、その領域からなのだということを私は知っている。

このように見れば、「フランス」という名詞と「フランスの」という形容詞は、見事な特権をもっていることになるだろう。というのも、「フランク」という語は、〔フランク族という〕民族の名としても〔「自由な」、「率直な」という〕形容詞としても、独立と非従属という価値をふんだんに担っていたからだ。大文字から始める場合でもそうでない場合でも、「フランク」はアイデンティティが必要としているもののほかならぬ名なのである。アイデンティティが求めるのは、まずもって属性ではなく、そのステイタスの自由で率直《フランク》な配置であり、それゆえアイデンティティを表明する際の自由と率直さ《フランクネス》である。こうも言えるだろう。アイデンティティとは、必然的に語の二つの意味（つまり、免除と正確さ）[7]でのフランクネスなのだと。そしてフランクネスのこれら二つの側面は、あるがままのアイデンティティ、すなわち自己に対しても自己以外のものに対しても差異のあるアイデンティティを切り開く。私が位置するのは、私が私から解放されたいくばくかの隔たりにおいてなのだと私は自由かつ率直《フランク》に述べる。こうして、ある関係が開けてきうるのだ。

もちろん自分たちを「自由な者」、「人民」、さらに究極的には「人間」として示す他の多くの人々の名も、以上のような特権を分かちもっている。法則があるわけではないが、ひょっとすると、集団というものが絶対的なアイデンティティそのものとして自らを同定《アイデンティファイ》しがちであるという傾向は存在するのかもしれない。

おもしろいことにフランスの場合、国民と民族の名が——先に言及したいくつかの場合のほか、町の名前（「ヴィルフランシュ」）や初期の大学の「自治権〔franchises〕」のような装置にまで広がる、フランス語における「フランク」の意味の全体をともないながら——フランク族に帰されてきた（ということはつまり、フランク族が自分たち自身に帰してきた）免除と正確さという二重の価値を保存してきた。原史時代の分類にしたがえば、フランク族はゲルマン人だった。後にナショナリズムの時代に、幾人かのフランス人はこのことをいまいましく思い、フランスを非ゲルマン系としてはっきりと同定する《アイデンティファイ》ために、歴史をねじ曲げることを試みたのだった（より野蛮でない由来を獲得しようと、トロイアとアイネイアスに迂回するほどだった[8]……）。

5

絶対

二つの公理。

——アイデンティティは、それ自身と系譜の双方を後ろ盾にする。より正確に言えば、アイデンティティとは、それ自体が自身の系譜なのである。

——アイデンティティは名を要求する。

アイデンティティは系譜のなかにある。なぜならアイデンティティが与えられるのは、系譜それ自体〔lui-même〕に対して同じもの〔le même〕を関係づけるという行為においてのみだからである。「私は私である」が生み出すのはそのような関係ではない。それは、せいぜい「私＝私」という論理的同一性《アイデンティティ》の関係にすぎない[9]。しかし、すぐさまこの等価に混乱が生じる。というのも、この等価はまた、いかなる「私」も等し並みに「私」であるということを言い表しているからである。「私」という語がそれのみで、すでに同一化《アイデンティフィケーション》というプロセスに関わっている以上、「私」はxと同一《アイデンティカル》であるxのようには定立されえない。「私」は、自らのアイデンティティとなるものを語り、そのような何かを作り上げるのだ（こうしたことはすでに、子どもがはじめて「私」と言ったり、名前で自分を指したりするときに起こっている）。しかし、そのために「私」は、それ自身に先立つところへとそれ自身において遡行しなければならない。たとえば、「私」があらゆる言葉以前に語る能力をすでにもっていたようなところへと遡行しなければならない。とはいえ、これではあまりに一般的なままだろう。つまり問われているのは、真の形相（「イデア」）だけでなく、この「私」という固有にして特異な定冠詞付きの形相にも立ち返るようなプラトン的な遡行や想起なのだ。この形相はどこかに貯蔵されているようなものではなく、所与でもない。「私」にとってこの形相は所与ではないのだ。「私」が自らをこの形相に与えるのであり、同じことだが、「私」が自らにこの形相を与えるのである。そのようにして「私」は自らに同一化《アイデンティファイ》する。「私」が具体的で同一性《アイデンティティ》を有する系譜関係を一切もたないとしても、「私」は、自己から自己へ、同じものから同じものへという系譜や輪郭のなかにはじめから捕らえられている。「君がそうであるところのものとなれ！」この言葉がまさに言い表しているように、君は〈君がそうであるところのもの〉ではないため、君は〈君がそうであるところのもの〉にならなければならない。しかし、そうするために君に与えられているものは何もない。なぜなら、〈君がそうであるところのもの〉は、君の生成の果て以外にはないからだ。そのうえ、この果てにおいて君はもはやそこにいないだろう。とはいえ、君も知ってのとおり、最初の不在から最後の不在のあいだには一つの線が伸びている。それは、実存という線であり、この線は固有かつ絶対的に排他的な仕方で君のものなのだ。

私は次のことに言及せずにはいられない。私が以上のことを書いているのは、スイスにおいて新たなミナレットの建設を禁止する——それまでにミナレットは四つしかなかったのだが……——国民投票の数日後だということである。（八）意地悪く言おう。スイス人は自分たちの鐘塔や堂々たる山々のすべての頂と針峰に同一化《アイデンティファイ》している。もしかするとアルペンストックにも、さらにはヴィルヘルム・テルのとんがり帽子と彼の息子の頭の上に置かれたリンゴにも同一化《アイデンティファイ》しているのかもしれない——同一化には、これくらいの高さと天空に向けられた指があれば十分なのだ。私たちの崇高さとともに、私たちのあいだにとどまろうではないか。スイス人は自らのアイデンティティに恐ろしい一撃を加えている。まさに以上のようなものを後ろ盾にする——声高にであろうと小声でであろうと——身振りによって、スイス人は自らのアイデンティティを閉ざし、監禁しているのだ。

これはスイス人だけのことではない。たとえスイス人が、まさにいまアイデンティティにこの上なく劇的に閉じこもっているとしても。こうしたアイデンティティは、〈自らがそうであるところのもの〉になる必要がない。なぜなら、それは〈自らがそうであるところのもの〉であるからだ。このようなアイデンティティは、〈自らがそうであるところのもの〉であり、それを所有しているということを知っている。つまり、こうしたアイデンティティは、イスラームという瘤から離れたところで、完成された十全性を即かつ対自的に所有しているのだ。

しかし、アイデンティティが現実のものとなるのは、アイデンティティがそれ自身によってけっして同一的《アイデンティカル》にしえないものへと向かうような運動において、またこうした運動としてなのだ。いわば、真のアイデンティティとは即自的アイデンティティではなく、対自的アイデンティティなのである。[九] つまり、いかなる「即自的」アイデンティティも与えられていないのだ——胚においても、

「ついにその人自身におけるものとなった」[一〇]死者においても、究極的な意味での男や女においてもけっして与えられていない。そして、つねにアイデンティティとは対自存在であり、この存在は「自分のもの」とする理由が一切ないにもかかわらず「自分のもの」になる——「同一化する者《アイデンティファイ》」によってそれは「自分のもの」にされる——ようなものを自己へと到来させ、またそうしたものが自己へと到来するに任せるのだ。

　民主主義的政治が意味しているのは、ただ一つ、同一化《アイデンティフィケーション》の線が引かれ、展開され、分岐する空間が、アイデンティティ（個人のアイデンティティであれ、集団のアイデンティティであれ、両者の総体であれ、これらもまた截然と区別された即自において与えられることはない）のあらゆる可能性に対して開かれているということだ。

まさにそれゆえに、アイデンティティは名を要求する。なぜなら名は、民事身分が名に担わせるものよりも無限に多くのものを伝えるからだ。民事身分は、名が対自的に＝自己に代わって伝え、表明し、差し向けるものの即自的同一化《アイデンティフィケーション》にすぎない。つまり、名とは意味の頂点なのだ——頂点とはすなわち空虚である。周知のように、固有名は意味作用をもたない。まさに固有名の意味とは、この絶対的な「固有なもの」にほかならず、この「固有なもの」にとってあらゆる特性や属性や性質は外在的なのである。

名が指し示すのは、個体や集団（繰り返しになるが、これら二つを分離すぎないようにしよう）の固有なもの〔le propre〕であって、たとえそれが本質的なものであろうと特性＝所有物〔propriété〕ではない。ここでの固有なものがまさしく意味しているのは、実存とは性質を備えた実体ではなく、自らが関わるあらゆる帰属や状況や関係を特異な仕方で形容する存在の作用だということである。アイデンティティとはこうしたものなのだ。アイデンティティは、「自分のもの」として舞い込むあらゆる規定を形容する。とはいえ、こうした規定がアイデンティティに「属している」わけではない。そうではなくこれらの規定は、同一的《アイデンティカル》なものの「イデム」（一一）、すなわち同一的なものの同性〔mêmeté〕に結びついているとわかるのである。

「イデム」は絶対的だ〔absolu〕。「イデム」は、何らか他のものと同じなのではない。「イデム」は、それ自身と同じなのである。「イデム」は、ab-solutum、すなわち一切から分離されている。アイデンティティにおいて争点となっている同性とは、同じもの〔même〕に戻らない同性である。なぜなら、「それ自身〔lui-même〕」は所与ではなく、最終的に与えられるというようなこともないからだ。アイデンティティは、ニーチェが語る同じものの永遠回帰を成し遂げるのだと言えるかもしれない。つまりそれは、再開や繰り返しではなく、絶対的に異なるものへの無限の回帰であり、こうした回帰の絶対的な差異が同性を生み出すのである。

それでは、誰がアイデンティティ――個人のものであれ民族のものであれ――を語ることができるのだろうか。外部から語るならば、いくつかの弁別特徴を捉えることはできる。これらの特徴は興味深く重要ではあるが、「イデム」を明らかにすることはけっしてないだろう。内部から語るならば、内観の才を得ることはできるが、究極的には何も知ることはないままだ。ただし、何らかの「一」を除いて。この「一」は疑いえないものだが、その絶対的な統一性は、自らの由来と宛先に関する微小な点において消え去る。「汝を知るな

——汝自身で」[10]。

何がアイデンティティに関する偉大な作家を生み出すのだろうか。それは、登場人物の究極的なアイデンティティをけっして発見しえないということである。ジェイムズやプルーストやフォークナーを考えてみてほしい。反対に、大したことのない作家は、書き始める前から同定されたアイデンティティを手元に置いている。

6

誰？

「フランスのアイデンティティ」に関する討論や議論での政府の提案は、ある一つのコンセンサスを得るとともに、もう一つ別のコンセンサスを生じさせることとなった。一つ目は、思考の様態についてのコンセンサスだ。つまり、国の住民を形づくるとみなされている本質的ではないにしても一貫した共同体に関して、生まれ、出身、出生地にまつわる──「ネーション」の語源に従って

いる(一二)——所与《データ》としてネーションの実在を識別するという思考の様態についての
コンセンサスが得られた。この実在は自然な性質や精神として表象されるが、
いずれにせよ大した違いはない。二つ目は、以前から「コスモポリタニズム」
や「インターナショナル」として学ばれてきた思考についてのコンセンサスで
ある——とはいえ、これら二つの語をその歴史的な意味に限定してはならない。
というのも、こうした思考が生まれたのは、人間は多種多様な仕方でそれ自身
と同一《アイデンティカル》であるという意識、簡単に言えば、「野蛮」などもはや存在せず、「文
明」人をよりよく定義することなどできないという意識によってだからである。
私はどちらのコンセンサスにも同意しない。「フランス人である」という表
現は、私にとっては空虚なものではない。しかし、私はつねに「万国の労働者
よ……」という呼びかけのようなものも聞き取っている(どれほど万国の富裕

層がぐるになっているかをマルクスよりもはるかに知っているだけに）。「アイデンティティ」がまさに私に対して示しているのは存在の特性なのである。とはいえ、「私とは一つの他者である（一三）」ということ、そしてこの他者も存在のうちにあるということを私は忘れないようにしている。

何らかの形の共同体（この語で何を思い描こうとも）に帰属しているということ、さらには複数の共同体に同時に帰属しているということは、生まれたときから定められていることではある。しかしそれは、単なる動かしえない制約を意味しているわけではない。むしろそれはきっかけであり偶発事なのだ。つまり、そこに「たまたま陥る」ということだ。なぜなら、どこにも陥らないならば意味は生じないのだから。逆に、偶然で予想しえないそこにおいてこそ、意味の軌道が始まりうる。

他方で、少なくともこのような最初の共同体への帰属は、別のいくつかの共同体との縁――多少なりとも近くにあり触れることのできる縁――を示し、一方の共同体から他方の共同体へと移ったり、別の共同体や複数の共同体を選び取ったり、さらにはいかなる共同体も選ばなかったりする可能性をも表している。つまり、落下と可塑性という二重の原理があるのだ。そのようにして、「アイデンティティ」と呼ばれているものは現れる。問われているアイデンティティが個人に関するものであろうとネーションに関するものであろうと、両者が絡まり合っており、互いに強化し合ったり互いを解体したりする以上、大きな違いはない。

したがってここでの問題は、「アイデンティティ！」と「非アイデンティティ！」（あるいは混淆でも錯綜でもプロセスでも何でもよいが）、どちらかのスローガンに身を投じることではない。アイデンティティがそれ自身によってそれ自身において開く間隙や裂開に入り込もうと試みることが重要なのだ。アイデンティティとは、そこから軌道が出発する落下点——書き込みの点でもよい——なのである。

定義上、点は次元をもたない。軌道は、この上なく遠く複雑で入り組み、混乱してさえいる道を切り開くことができる。しかし、軌道はつねに点から引かれるのであり、それゆえ軌道とは同じ〔même〕点の軌道なのである。点と迷宮こそ、アイデンティティの秘密だ。それは、一方から他方への絶え間ない接触と絶え間ない裂開である。それゆえ私たちは、一方を失うか、他方のうちに迷い込むよう定められている。おそらく、連続性をしるしづけ、「アイデンティティ」を語ることを可能にする何らかの目印に事欠くことはないだろう――しかし、微小という点の特徴も、絶対に形象化しえないという軌道の特徴もけっして消されえないということはア・プリオリにたしかだ。

これらはいささかシンプルな真理である。この真理を知るには、「誰？」という問いの周囲で急増するあらゆるものに注意を向けさえすればよかったのだから。

たとえば、フランク族のサリ支族とは誰だったのか。情報の収集（時代、場所、民族の風習といった情報）から存在についての問いかけへと問いのニュアンスを変えてみよう――それでは、実のところサリ支族とは誰だったのか。どのようにサリ支族を理解すべきだろうか。どこにこの支族のアイデンティティの核心やアキレス腱があるのか。こうすることで、私たちはデータの問いからアイデンティティの問いへと方向を転換することになる。

別の例を挙げよう。誰がフランスのアイデンティティという問いを立てるのか。これは一体、誰なのか。ここで私が問いたいのは名だけではない。大臣や政府や運動（動揺と当惑のなかで、自らのイニシアティブに戸惑いを覚えているようにみえる運動）についても問うている。そこにいるのは誰なのか。それはすでにナショナル・アイデンティティそのものなのだろうか。どのようにしてナショナル・アイデンティティはそれ自身を同定《アイデンティファイ》したのか。行政権を手にすることによってだろうか。しかし、権力はアイデンティティを支配するものなのだろうか。権力は、身分証明書やその他の情報、指紋、顔写真などを掌握している。だからといって、それはデータ以上のものではない。

ところで、フランス人それぞれが他の人間主体と同じくひとりの「誰」であり、この「誰」がけっして「何」に還元されえないとしても、フランスそれ自体も何らかの特徴（人口、地理的位置、GNP、ワイン、チーズ、航空機など）に還元不可能な別種の「誰」である。そして、各フランス人のそれぞれの「誰」が、フランスの「誰」に関する何らかのものを内包しており、逆もまた然りであるということが、事態を圧倒的なまでに複雑にしている。しかし、数々の「誰」が出現や横滑りや増殖を繰り広げ、私はフランス人だが別のものでもある（どこかはドイツ人で、どこかは犬で、どこかは無国籍者で、どこかは砂丘に打ち寄せる海などである）ような、かくも遠い領域にひとは到達することがない。この無限の消失と集結と散乱の点に至ることはけっしてないのである。ルテティア、ビブラクテ、カールスルーエよりも深く埋もれた領域にも到達することはできない。その領域では、口調、身振り、記号や記章、欲望、さらには振る舞いが、知らず知らずのうちに人民や住民や共同体の新たなあり方を醸成している。

7

なぜアイデンティティを論じるのか

誰であれいわゆる人文科学の領域で仕事をしている人、つまり歴史学者や社会学者、民族学者、心理学者、精神分析家、文学理論や芸術理論の専門家にとって、さらには芸術家や作家や哲学者にとって、ナショナル・アイデンティティについての討論の告知は、はじめはいぶかるような笑いを誘うものでしかなかった。なんということだ！　いきなり三つの概念――アイデンティティ、ネーション、ナショナル・アイデンティティ――について討論しなければならなくなったのだ。これらの概念は複雑で難しく、ときにはアポリアや危険をともないつねに欠陥をもちながらも、想像的なものの両義性に対する手がかりでもある。それゆえに、ここ四〇年ほどのあいだ強力かつ豊かな研究が絶えず生み出されてきた――ついでに言っておけば、こうした研究の代表者の一人は、惜しくも先日亡くなったクロード・レヴィ＝ストロースだが、彼がこの討論について何を考えたかを見抜くことは難しいことではない。

私は知的集団の気分を表明しているわけではない。私が語っているのは、約二世代にわたる学者や思想家や芸術家が集中的に取り組んできた事柄、たとえば複数の「アイデンティティ」の関連性、内面の違いによるアイデンティティの私的な編成、アイデンティティの堅固な目印を「土地」や「文化」や「人格」や「言語」に帰することの不可能性——つまり、粒子の位置を割り出すように、アイデンティティの目印を何らか「意味」のようなものに帰することの不可能性——、こうした事柄は、空想や思弁から生まれたのではなかったということだ。

ずいぶん前からつねにアイデンティティは傷つけられ痛めつけられてきた。簡潔に言えば、アイデンティティは変形され、ずらされ、歪められ、変貌させられてきたのだ。ひょっとすると、ただ単純に一変させられた——ただし底の抜けた仕方で——ということなのかもしれない。アイデンティティ以上に、産業革命やブルジョワ民主主義やデジタルな変異によって揺り動かされたものはないのだと言わなければならないのかもしれない。揺り動かされたのは、たとえば社会的役割というアイデンティティ、家族の役割というアイデンティティ、共同体（地域共同体であれ、家族共同体であれ、信仰共同体であれ）への帰属というアイデンティティ、そして「ナショナリティ」というアイデンティティだ。「ナショナリティ」というアイデンティティは、最初は外国人による圧政からの解放を目指すものだったが、最終的には想像的な結晶化へ、さらには神話的な結晶化へと至った。ファシズムが行ったのは、アイデンティティという観念そのもの——つまり空虚な観念——によってアイデンティティを肥大させること以外のなにものでもない。こういった観念には、血と大地、恐怖と幻影、軍事的野心、大量のシンボル、領土の併合、新秩序など何でもごた混ぜに詰め込むことができてしまう。

そしていま私たちが見せつけられているのは、はるかに常軌を逸したごた混ぜである。ナショナルで「民族的」でさえあるモチーフ、（一切の神学を欠いた）宗教的シンボル、「人権」の書き換えと修正、すでに相当古びた歴史への熱烈な呼びかけ、司法やさらには立法までもが行政の活動を阻害しすぎないようにするための狡猾な策略の数々などがまとめて投げつけられている。行政がかくも急いでいるのは、要するに行政がそれ自身のアイデンティティに追い回されているからである。まさにこのアイデンティティにもとづいて行政は選ばれたのだから、手綱を握り続けていようとするならばこのアイデンティティに責任をもたなければならないというわけだ。実際、行政は手綱を握り続けたがる。なぜなら、行政が自らを同定する《アイデンティファイ》のはまさに手綱によってだからだ――このようにして行政そのものが同定され、さらに行政が力を尽くそうとする利害関心の総体が行政によって同定される（最終的には、この利害関心は単数であれ複数であれアイデンティティをほとんど気にかけない。そこでは、一スーがースであり、他のアイデンティティなしに一切のスーと同一《アイデンティカル》であるというだけで十分なのだ)。(一四) 以上の記述が、ニコラ・サルコジの名を暗号化したものではないことに注意していただきたい。このようなことは、たとえばアフマディネジャドやネタニヤフ、カルザイ、プーチンなどにもあてはまる。

アイデンティティに関する思想的仕事——また言うまでもなくそれに不可避的に付随する差異についての仕事——は、知的な流行ではけっしてなかった。この仕事が扱っているのは、まさにヨーロッパの文化が問題にし始めていたこと、つまり完璧に連動した一連のアイデンティティなのである。それは、男というアイデンティティ、女というアイデンティティ、動物というアイデンティティ、神というアイデンティティ、「同一律」にもとづく合意理的秩序というアイデンティティ、そして最後にヨーロッパというアイデンティティである。

ヨーロッパがこの上なく自らを明確に同定する《アイデンティファイ》こと――自らを他のものから区別し、自分自身を承認すること――ができていたのは、いまだヨーロッパがその内部において「ナショナリティ」への欲望を増殖させておらず、自らをほかならぬ文明のアイデンティティとして、本来的に比類がなく唯一のアイデンティティとして世界に押しつけることができると信じていたときにほかならない。

しかし、実のところ二〇世紀以来、アイデンティティそのものが危険にさらされ、あらゆる面からアイデンティティが問われている。もはやアイデンティティは自らを見出すことができない（この典型例がヨーロッパ人の場合である）。あるいは、アイデンティティは自らが拠って立つもの――そうなりうるもの――を自問している（たとえば、サウジアラビアのアイデンティティ、アルジェリアのアイデンティティ、マレーシアのアイデンティティ、モーリタニアのアイデンティティなど、アイデンティティに関する際立った特徴をもちながらもその形象をうまく描くことのできない幾多の名のように)。実際、私たち全員は同じ困難に直面している。いわば、私たちはアイデンティティの素材となる海を漂っているのだが、どうやらその素材を「アイデンティティ」として結集させることはもはやできないようなのだ——そもそもそうした「アイデンティティ」があるとしても、それは必ずしもナショナルなものである必要はなく、ネーションや文化、宗教、芸術、言語の交差するものでもありうる。

それゆえ、私たちが「アイデンティティ」を論じざるをえないとしても、それは以上のことを踏まえる限りにおいてなのだ。かつて私たちは、カナクであったりコサックであったり、ベルベル人であったりブルトン人であったり、フランス人であったりイングランド人であったり、イングランド人であったりスコットランド人であったし、この小教区やあのシナゴーグやかのミナレット、さらにはこの集団やあの一族、このトーテムやあの島やあの谷に属してもいた。アイデンティティが記号によって示されている限り、アイデンティティが論じられることはなかった。もはや記号が存在しなくなるか、もはや記号が何も指し示さなくなるとき、アイデンティティは論じられるようになるのだ。

8

人民

文化的アイデンティティは非常に重要で古くからある問題だ——ここでは差し当たり文化的アイデンティティと呼んでおこう。もちろん、「民族」、「象徴的布置」、「言語」、「メンタリティ」、「構造」と言うこともできる。そうであれば、これらの用語をある一つの語のもとに混ぜ込むこともできるにちがいない——実際、長きにわたり複雑で溢れかえらんばかりの価値を担ってきた語がある。その語こそ、「人民〔peuple〕」である。とはいえ、現在この語は乱用されており、全面的に頼ることはできない。この語に聞きとらなければならないのは、「集団〔peuplade〕」、「住民〔population〕」、「移住〔peuplement〕」といった意味だろう。「エスニシティ」という語によって引き起こされた、過剰な同一化《アイデンティフィケーション》をもたらす硬直を避けなければならないということだ。

それでもなお、明確であると同時に溢れんばかりの意味をもつこの語を一度は用いるならば、人民とは非一般性という原理に呼応するものにほかならない。いかなる一般的なものも実存しない。たとえ一般的な法則が存在するとしても、こうした法則は実存者ではない。実存するものは特異なのである。おそらく西洋文化だけが、「普遍」の実存を議論するというエピソードを経験したが、これは偶然ではない。なぜなら西洋文化には、知覚の対象とは異なる知の対象を操るための必然的な区別を生み出す必要があったからだ。しかし、「普遍」の実存（性質や実在的な固有性）を主張した人々にとってさえも、こうした実存がそれぞれの仕方で特異であることに変わりはないとも言えるだろう。また言うまでもなく、神の実存は、可能な普遍性、一般性、特殊性の全体を包含しながらも、それが存在するならば、あらん限り最も特異な実存でしかありえない。すべてが分割や種別化や区別によって進む。界さえもが〔動物界、植物界、鉱物界に分けられるように〕そうなのだ。たとえば、鉱物には綱や目や科などがある。植物や動物にはより細かな分類があり、こうした様々に異なる実存の仕方によって良くも悪くも地位を奪われたり、入れ替えられたり、取り除かれたりするほどだ。私たちの技術によって生み出されるこのような実存の仕方は、ますます私たち人間のアイデンティティを複雑にしたり修正したり変質させたりしている。

ところが、自然のうちにも技術のうちにも――長いこと自然と技術は区別されることができたわけだが――純粋な個体などあったためしがない。すべては種から始まるのであり、個体からではない。これは古生物学の問題ではなく、端的に存在論の問題なのだ(11)。存在は複数であり、さもなくば存在しない。存在のあらゆる領域においてそうなのである。人類は始原のカップルとともに始まるのではない。人類はある一つの集団とともにある一つの集団として始まるのである。いや、おそらく人類は複数の集団として始まるのだろう(そもそもこれらの集団のすべてが最初から現在の意味での「人間」であったわけではないかもしれない)。このことは、実存一般の法をすでに形成している。つまり、複数性と関係――これらがなかったとしたら「実存する」ということの意味さえ理解されえないだろう——が、いわば二重の仕方で実存者に課せられているのである。それゆえ実存者の弁別特徴とは、意味のエレメントに属していることと、すなわち完全かつ明確に意味のエレメントに属していることなのだ。「意味を生じさせる」ことがない人間の振る舞いや姿勢はない。言葉や人間の手や眼において、さらにはそれらが多種多様に生み出され交わされることにおいて——またそうしたこととして——、「意味を生じさせる」ことにならないような様々に異なる実存者の振る舞いや姿勢はないのである。(「意味を生じさせる」ということは、意味のエレメントを解体し破壊する危険にさらされることでもあるが、ここでは立ち入ることができない。)

それゆえ、はじめに存在するのは、いくつかの人民、いくつかの言語、いくつかの象徴的かつ物理的な配置(たとえば、音を発する方法や共に存在する方法など）である。これらの数の多少について私は論じることができない。私が述べたいのは次のことだけだ。つねに人民の一つの形態、すなわちもう一つ別の形態が存在している。またそれゆえに、一つの人民への帰属の形態、すなわち複数の人民への帰属の形態が存在している。というのも、移動したり混ざり合ったりすることはありえないことではないからである。それと同時に、ある人民が自身にとっても他者にとっても根源的であることなどけっしてない。複数の人民という事実そのものが、あらゆる根源という観念を波及させるとともに、最初から根源以上に溢れかえる実存することへと通じている。

この意味での人民とは、象徴的な分有の発動にほかならない。私たちは象徴化を行う――私たちはいくばくかの意味を生じさせる。それは、私たちが意味を分かち合いながらも、意味が私たちを区別するということだ。つまり、このような言い方ができるとして、「私たち」とはある一つの「私たち」なのである。あるいは、私たちとは意味のやり取りの条件としての「私たちのあいだ」であるとともに、私たちは自らを別の「私たちのあいだ」からはっきりと区別する。私たちはある一つの分有の空間や体制として「私たち」を宣言するということだ(12)。こうした性質の空間や体制は複数でしか存在しえない。そのうえ、このように複数の「人民」が存在するだけでなく、「人民を生み出し」、「自らを宣言する」複数の方法が存在するのである。たとえば、アメリカ合衆国の人民は、ごく短い歴史とヨーロッパの人々が混ざり合う文化をもとに自らを生み出した――まさに文字どおり宣言した。それに対しヨーロッパの人々は、長いあいだ非常に異なった仕方で自らを同定《アイデンティファイ》していた（ドイツ人、オランダ人、フランス人のように）。つまり、最初からアメリカの文化とは啓蒙によって生み出された「自然」なのだった（独立宣言が「自然法と自然の神」と述べるように）。さらに非常に異なった仕方で、ネーションを構築しようという策略があるにもかかわらず、ユーゴスラヴィア人民が存在する傾向にあった、あるいは存在しえたとも言える——アイデンティティへの要求がこの人民を破壊することになったが。どれほどのアフリカの人民が、遺伝的な系譜、悪しき植民地分割、不安定なネーションの構築といったことに同時に従わされてきたことか。そして、いまもなお従わされていることか。また、ラテンアメリカについて、そこにおいて先住民、ヨーロッパ人、アフリカ系奴隷のあいだで繰り広げられた様々な術策について何を語るべきだろうか。中国の人民はいくつ存在するのかという問いに、どう答えればよいのだろうか。

実際のところ、人民が何らかの起源や一義的な特徴——言語的な特徴であっても――において完全にアイデンティティを定められることなどけっしてありえない。人民は統一体ではない。人民とは、私たちの共通の実存のしるし、際限なくやり取りされる――そして変化する――しるしである。こうした私たちの実存は、いかなる同定可能《アイデンティファイ》な「人間性」のもとにも結集することはない。

9　ネーション

もちろんある時代のある時点においては、構成されたいくばくかの人民（一五）がその度ごとに存在する。バスク語を話す者やフィンランド語を話す者が存在し、それぞれの仕方で暦を数え、衣服を縫う者が存在するということだ。しかし、こうした人民とその言語、衣服、慣習の背後には、他の人民、他の言語、他の方法、他の発明がつねにすでに存在している。

またもちろん、それぞれの人民はアイデンティティをもっている。いやむしろ、人民とはアイデンティティである。なぜなら、アイデンティティとは所有されうるものではないからだ。まさにこのようにして、人民が人民を生み出すのであり、つまり人民は自らと関係を結ぶ。人民は「自らを理解」し、いわゆる「言語に対する感受性」を張り巡らして言語を話している（バイリンガリズムが単純なものでないことはよく知られている）。また人民は、死との関係の仕方や歌い方など、数々のより隠れた特徴を分かち合ってもいる。

人民は自らと関係を結ぶ。むろんそれは、人民がある人民xをそれ以前に与えられていたと想定される人民xに関係づけるということではない。そうではなく、選択――音声、身振り、色合い、実践、情動に関する選択――によって、人民が「自ら」を生み出すということなのだ。人民がアイデンティティを引き出すことで、アイデンティティは人民自身と他者にとって同時に識別可能なものとなる。また、アイデンティティはそのように生み出されることで、まさに「それ自身」を区別する。つまり、アイデンティティは自らを差異化し――何よりもまず無、空虚、遺棄された存在から差異化し――、そうした差異のなかで意味の可能性を開くのである。

この可能性とは、別の可能性である。可能性を増大させるほうがよいということではない――ある観点から見れば可能性が増大するということはおそらくない（多くの文化は隠れて忘れ去られているが、私たちの文化を含む多くの文化もいずれそうなることだろう）。可能性が別の可能性であるというのは、意味の意味が意味の再開始と再発明であるからだ。[13] だからこそ、「多文化《マルチカルチュラル》性」が競って称賛されているのを耳にするのは残念でならない。「進歩的」言説は、「多文化性」を熱狂的な刷新であるかのように褒めそやすが、この貧しく鈍重な語はパッチワークをこしらえようとしてでっち上げられたにすぎない。いずれにせよ多くの場合パッチワークのそれぞれのピースは、もともとの「単一文化《モノカルチャー》」に捕らわれたままである。

「多文化性」は、それぞれの文化の条件である。それぞれの文化とは、送り出しや振る舞いや足取り、言い回しや捻りであり、それ自体では形象をもたないが言い回しや描線によって未聞の相貌が明らかになるものの多少持続する布置なのである。

少なくとも、ヨーロッパやアフリカ、アジア、オセアニアではそうであったと考えられる。いまや明らかなのは、結局のところ単一のモデルが拡散するというよりも（たしかにファストフードやマンガやブログなどは存在するが）、

この「モデル」がほとんど単一ではありえないということだ。こうした「モデル」が結集させるのは、ある「文化」の特徴ではなく、あるハビトゥスの特徴なのである。世界の西洋化が広めたのは、ある一つのハビトゥス、ないし一連のハビトゥスである。ハビトゥスは文化をもたない。つまりそれは系譜も人民ももたないということだ。

こうしたハビトゥスの一部をなすのが、近代的な意味での「ネーション」、すなわち共通の意志（あるいは「一般」意志）として定義される人民、共通の企図の遂行者を任じる人民である。ただし、「共通」ということは、意志の結果としても、逆に歴史によって生み出されたものとしても理解されうる――前者がルソーや一七八九年の精神であり、後者は一九世紀の様々な「ナショナリティ」運動――とりわけドイツにおける運動――の精神である(14)。しかし、こうした二つの道を経て私たちが入り込んだのは構成的権力の運動であり、国家はこの権力によって構成されるものとなった。

それゆえある意味では、ネーションとは構成的権力としての人民そのものである。しかし、それと同時にネーションは人民を破壊しもした。国民国家《ネーション・ステート》というヨーロッパの発明が、次の二つのタイプのアイデンティティを混同したことは疑いえない。一方は、私が先ほど描き出したような人民のアイデンティティのタイプ、すなわち自らを探し求めて発明することで、自らを生み出すタイプのアイデンティティであり、他方は特定可能なもののアイデンティティというまったく別の次元に属するタイプのものだ。後者は民事身分と呼ばれているもののことにほかならない。本来の意味での民事身分という領域とそれにまつわる多種多様な証明書——身分証明書、居住証明書、雇用証明書、失業証明書、在学証明書——は、特定可能なアイデンティティと関係している。もちろん〔特定された〕交点は、私が先に述べたような微小な点と同じく次元をもたない。つねにこの点から特異な軌道が出ては戻ってくるのであり、この軌道の解読は無限なままであり続ける。これこそが実存である。

以上のことは、人民対ネーションという善悪二元論を作り出すことではない。非常に傑出した一貫性——この一貫性はある点ではまさに人民に由来している……——がなしえたことを中傷し、否認するような典型的な〈フランス人〉になろうというわけではない。フィリップ四世からロベスピエールまで、さらに言えば二人のナポレオンを経てガンベッタやジョレスまで、これらの名はある一つの人民（つねにフランク族の名をもつ人民）の歴史を画しているが、それは戦争や同盟という装置によって他の数々の人民（オクシタニー、トゥールーズ、バスク、ブルゴーニュ、ノルマンディー、アルザス、コルシカの人々）を還元し併合した歴史なのだ。もちろん、そうした装置はアイデンティティの形成を妨げるものではない――ときにはアイデンティティの形成が強制されることもある（なんてことだ！）――が、結果としてある一つの系譜が萌すことになった。この系譜によって、大聖堂やモンテーニュやコンドルセやユゴーなどに彩られたフランスの壮大な光景が打ち立てられるのである。

しかしそれと同時にフランスとその周囲のあらゆるところで、まさに国家と産業の文化によって、誰にも気づかれることなくひっそりと人民とアイデンティティの論理の最も深い部分が脱臼させられていた。つまり、ネーションになった人民――ネーションと混同された人民、あるいはネーションに吸収された人民――は、自らの特性を生み出して刷新する再開始や発明の能力をさほど行使できなくなったのである。新たな軌道が生まれる「落下点」に適さない状況になったということだ。むしろ私たちは、特定可能な数々の目印のなかにいる。民事身分や市民性ないし市民権をもつことが、唯一の美徳のようなものとなり、結局のところあらゆる人——集団であれ個人であれ——に期待される唯一真正な「アイデンティティ」となった。完全に制御されたこうした目印のなかでは、欲求や僥倖、そして——そのようなことが可能であるとして——社会の自動制御によって軌跡は与えられる。

　社会はネーションでも人民でも国家でも集団でも諸個人でもない。社会という名がそのことをまさに言い表している。社会《ソシエテ》は同定《アイデンティファイ》するのではなく結《アソシエ》びつけるのであり、民事身分や社会保障やあらゆる種類のコード化以外のものと結びつけるのである。とはいえ、コード化がアイデンティティだというわけでもない。こうしたことは明らかであるにもかかわらず、「社会」のアイデンティティを識別する「討論」が、まさに「社会」に対して提起され課されている。

フランスのアイデンティティを同定《アイデンティファイ》するよう求められた多くの人が、「国〔pays〕」を同じくすることに喜びを覚えている――「国」とはアイデンティティのための別名であり、ときに「田舎〔bled〕」とも呼ばれ、そうした人々にとって一度出たら二度と戻らないかもしれない「あそこ」をたいてい意味している（二六）。このような人々は、まさにここがそうした意味での国になることを望んでいる。しかし、ここは国ではなく、社会であり、行政であり、作動するシステムであることは明らかだ。ここは生き生きとした生ではなく、アイデンティティを欠いている。ここはその存在を、鐘塔、ブドウ畑、裁判所、人権（ああ！　人間！　人間とは誰か？）、ライシテ、都市などの小さなかけらに切り分けている。それなら国はどこに存在するのか、人民はどこに存在するのかとそうした人々は問うだろう。それに対しても私たちは「アイデンティティ」によって返答している。

現在なされていることは国家の政策であるだけでなく――各地方長官に対してその実施が課されていながら、ネーションがネーションそれ自身について大々的で見事なイニシアティブを発揮しているものとして提示されることが望まれた政策なわけだが――、フランスに再び形象を与えようとする試みがある種の場当たり的な社会心理学や大規模な街頭調査に委ねられようとしているということでもある。私たちはすでに本や雑誌によって日々差し出される数え切れないほどの心理－社会－人口－文化－政治的な鏡に十分に苦しんでいるというのに。

それゆえ真の返答は反対に次のようなものになる。「いや、「ナショナル・アイデンティティ」を「討論」という基準には委ねない。まずは、このアイデンティティを最も単純で社会の現在と未来の必要性により適合した仕方で変化させる(この点で問題となるのは社会なのだから)。それと同時に、移民の根本的な大義に向けてまったく別の政治を始めるのだ。そうすれば、単数であれ複数であれ形成されるだろうアイデンティティやフランスの人民を目にすることができるかもしれない――とはいえ、なぜフランスだけなのか。なぜ他の名は生まれえないのか」。

こうした返答をする根本的な理由は、様々な意見の討論や染みをつける社会心理が間違った貧弱な知だからではない――もちろんそうでもあるのだが。む

料金受取人払郵便

郵便はがき

223-8790

綱島郵便局
承認
2035

差出有効期間
2022年12月
31日まで
(切手不要)

神奈川県横浜市港北区新吉田東
1-77-17

水声社 行

御氏名(ふりがな)	性別 男・女	年齢 才
御住所(郵便番号)		
御職業	御専攻	
御購読の新聞・雑誌等		
御買上書店名	書店	県 市 区 町

読　者　カ　ー　ド

お求めの本のタイトル

お求めの動機

1. 新聞・雑誌等の広告をみて（掲載紙誌名　　　　　　　　　　）
2. 書評を読んで（掲載紙誌名　　　　　　　　　　）
3. 書店で実物をみて　　　　4. 人にすすめられて
5. ダイレクトメールを読んで　　　　6. その他（　　　　　　）

本書についてのご感想（内容、造本等）、編集部へのご意見、ご希望等

注文書（ご注文いただく場合のみ、書名と冊数をご記入下さい）

［書名］	［冊数］
	冊
	冊
	冊
	冊

e-mailで直接ご注文いただく場合は《eigyo-bu@suiseisha.net》へ、ブッククラブについてのお問い合わせは《comet-bc@suiseisha.net》へご連絡下さい。

しろ、私たちは知の次元にはいないのだ——学問的な知であろうと処世的な知であろうと知の次元にはいないということだ。つまり、（フランス、ドイツ、イタリアなどの）アイデンティティについての知識を獲得することが問題ではないということである。アイデンティティとは、行為や緊張である。こうした行為や緊張の結果を識別することはできても、その性質を化学物質のように切り離して取り出すことはできないのだ。

10 帝国

ネーション以前の、あるいはネーションの外部の人民はどこに存在するのか、と問われるかもしれない。人民は自然のなかにいる——多かれ少なかれ管理の手の及ばないステップや森など現実に存在しない以上、自然という表現は今日ではもはや「失われ、行方不明になった」という比喩的な意味にしかなりえないだろうが。あるいは、人民は帝国のなかにいる。とはいえ、私は「帝国」の分析をあえてしようとは思わないし——そもそも「帝国」とは一つしかなく、唯一の本質をもつものなのだろうか——、「帝国」が人民を守るための一つの方法だと言いたいわけでもない(15)。ここで私たちに関係することで一つだけ指摘しておきたいのは、言うまでもなく帝国はその imperium（つまり皇帝と王朝）によって同定《アイデンティファイ》されるが、ネーションが欲するような主体的な形のアイデンティティを探し求めることはけっしてないということである。

少なくとも私たちがすべきは、私が先に示したような意味での「主体的」アイデンティティ（人民、文化、共同体）と、「客体的」、政治的アイデンティティとのあいだにかけられ習慣と化した覆いから抜け出て、それをずらすことだ。私たちはこの覆いを雑然と民主主義という一般的な観念で包み隠している。しかし、この覆いは、意味や実存の引き受けとしての「政治」という、頑迷でどことなく魔術的・救済論的なこの語の使用法の原因ともなっている。さらに、この覆いは神権政治的な断言も生み出す。こうした断言は、完全なアイデンティティ――つまり政治的で宗教的なアイデンティティ――を提示するという魅惑的な力の一切を手中に収めているのだ。

11　アイデンティティ、内奥

アイデンティティを沈殿物のように切り離すことは断じてできない。ある一つの人民にとってもある一人の人間にとっても、アイデンティティとはつねにある方向へと向かう単純な指標――名の指標――だった。それは、到来するもの、絶えず到来し続けるもの、回帰して変形するもの、新たな道を開くもの、数々の痕跡は残すが物や意味の統一体を残すことはけっしてないものへと向かう方向である。アイデンティティは限りなく遠くから到来する。なぜなら、アイデンティティは考えられうるあらゆる同一化《アイデンティフィケーション》以前のところから到来するからだ――もちろんときには親縁性によって類似点が現れることはあるが、結局のところそれも識別点が各自において無限に後退することを確証しているにすぎない。双子はこのことを熟知している。一般的に言って、自らを同定《アイデンティファイ》できるようなアイデンティティは狂気に陥る。双子が苦しむ病理や飽和した同一化というパラノイアが存在するのだ。

アイデンティティの我有化が、占有であることはない。私が奪取する財の占有でも、私が受け取る財の占有でもない。ただ指導者のアイデンティティだけが、多かれ少なかれつねにどちらかの場合に関係している。しかし、指導者はもはや人間でも人民でもない。指導者とは、示されることも我有化されることもできないものの場を占め、その代理をする者なのだ。

それゆえ、争点は我有化にある。アイデンティティとは、「一者」(個であれ集団であれ）による我有化する出来事である。同様の出来事は一度だけ起こるということはなく、絶えずいつでも起こっている。そして、こうした我有化はその度ごとに、デリダが言うところの「脱我有化」を形成する。[一七] なぜなら、我有化が回帰するような固定された主体、すでに同定《アイデンティファイ》された主体はけっして存在しないからである。その度ごとに、主体は異なる。主体は他者とも自己とも異なる。つまり、あらゆるアイデンティティと異なるのだ。だからといって、主体が安定や一貫性を欠き、本質的に変異するものだというわけではない。主体の真の一貫性とは、特定可能なアイデンティティを絶えず乗り越えることなのである。主体のアイデンティティは、主体にとってつねに「自らの最も内なるところよりさらに内」にある（一八）……。

アイデンティティに関わる特徴をどれほど集めたところで、アイデンティティはそれよりもさらに内奥――各自にとっても集団にとっても――にあるのだ。フランスは、自らの土地や言語や振る舞い、自らの画家や音楽家の色調や音調が、いかなる（複数の）測り知れない内奥から到来したのかを知らない。とはいえフランスは、いかなる新たな内奥において自らを見出しうるかも知らないのだ。ひょっとするとすでにフランスは自らを見出しているのかもしれない。もちろん別の布置、別の固有語、別の振る舞いとともに。これらはすべてその内奥において触れられ、揺さぶられている。

フランス――極めて率直《フランク》に言って、それは誰なのか。

原註

（1）　セミネール「同一性」の序文。*L'Identité* (1974-1975), Paris, PUF, 1983, p. 11.

（2）　*Le Bruit et la Fureur*, tr. fr. M.-E. Coindreau dans *Œuvres romanesques*, *I*, Paris, Gallimard, 1977, p. 497.〔『響きと怒り（上）』平石貴樹、新納卓也訳、岩波書店〔岩波文庫〕、二〇〇七年、三二八頁〕

（3）　この覚書を書いているあいだに、私も署名した「ナショナル・アイデンティティ省」廃止の請願書が提出された。

（4） たとえば以下を参照のこと。*Le Monde*, 2 décembre 2009, p. 11.

（5） Roland Barthes, *Mythologies*, Paris, Le Seuil, 1957, p. 75.〔『神話作用』篠沢秀夫訳、現代思潮社、一九六七年、六三頁〕

（6） マルク・クレポンの次の著作は、こうした類型論の哲学的歴史を分析するものだった。Marc Crépon, *Les géographies de l'esprit*, Paris, Payot, 1996.

（7） わたしはここで、単に「真摯さ」とだけでなくあえて「正確さ」と書いた。というのも、「真摯さ」とは、さまざまな無意識的条件から自由であることがほとんどできない率直さのことだからである。それに対し、私は在る、私は存在すると私が断言するときに、いかにして正確でないことができようか。ここでは、こうしたことをデカルトにおいて通常理解されるような仕方で考えてはならない。問われているのは、疑いえないものに到達するために組み立てられた操作ではなく、ましてや「思考実体」によって「私とは誰か」という問いにすぐさま答えてしまうことでもない。いわんや、確実性として真理のパラダイムを確立することを意図しているのでもない。逆に、あらゆるアイデンティティは「私は在る」を表明し、この表明は「思考」であり、つまり外部（感覚され、意志され、想像され、把握され、欲望された外部）への関係なのである。

（8）　もしかすると、民族名の意味と、そうした名においてアイデンティティが提示され幅をきかせる仕方についての研究が存在するのかもしれない（私は知らないのだが）。いずれにせよそういった研究は存在しなければならないだろう。

（9）　ここで哲学史を語るつもりはないが、私が語っていることは、「〈私＝自我〉」という巨大な問題に裏打ちされており、この問題はカントからフィヒテとシェリングへと展開され、そして「言表内容の主体／言表行為の主体」をとおして私たちにまで至るものだ。

（10）　Emmanuel Levinas, *Carnets de captivité*, dans *Œuvres I*, Paris, Grasset-IMEC, 2009, p. 279.〔『レヴィナス著作集1――捕囚手帳ほか未刊著作』三浦直希、渡名喜庸哲、藤岡俊博訳、法政大学出版局、二〇一四年、三一八頁〕

（11）　ここでこの考察の理路を詳述することはできない。しかし、非常に暗示的なものにとどまってはいるものの、ここでは論拠の長大な連鎖と思考の長い歴史が最も厳密な仕方で前提とされているとだけは言っておこう。

（12）　次の拙論を参照のこと。（« Le peuple souverain s'avance »), dans Marie-Louise Mallet (dir.), *La Démocratie à venir. Autour de Jacques Derrida*, Paris, Galilée, 2004.

（13）ここでも一旦立ち止まったほうがよいのだろう……。この数ページとそれ以降のところで、そうすることにしよう。

（14）一八八二年に行われたネーションについてのルナンの有名な講演は、アルザス＝ロレーヌ併合の正統性に関するモムゼンのテーゼへの反対という文脈においてはじめて十全に理解できる。そもそもアルザスとロレーヌは、それぞれ異なる仕方で現在に至るまで、一つの文化（やむを得ずこの語を使うことにするが）を「ナショナル・アイデンティティ」に組み込むことの困難を証言し続けている。とはいえ、同じ講演でルナンは次のように述べてもいた。「ネーションは永遠のものではありません。ネーションはかつて始まったのであり、いつかは終わりをむかえるでしょう。ヨーロッパ連邦が、ネーションの数々に取って代わることがあるかもしれません。しかし、それは私たちが生きている世紀の法ではありません」（テクストは次のURLを参照のこと http://www.bmlisieux.com/archives/nation04.htm［「国民とは何か」鵜飼哲訳、『国民とは何か』、インスクリプト、一九九七年、六三頁〕)。私たちが生きているのは、ルナンが生きた世紀でも、ルナンが待ち望んだ世紀でもない……。

(15) 周知のように、マイケル・ハートとアントニオ・ネグリが論じる「帝国」においては、「帝国」と相関する「マルチチュード」が「帝国」を脅かす存在となっている。そして、「マルチチュード」という概念は、「人民」という概念に対立している。議論を始めるためには、言うまでもなくまずはいずれの場合においても語が覆い隠している概念を明確に規定する必要があるだろう。もしかすると、ハートとネグリの「マルチチュード」と、私が語っている「人民」のあいだにはいくつかの共通点があるかもしれない。しかし、根本的な事柄は別のところにある。つまり、ハートとネグリにおいて根本的なことは、結局のところつねに全体としての生を統合し救済しなければならないような「政治」に、一切のものが依然として捕らわれていることなのだ。重要なのは、まさにこの点を議論することである。以下の二つの拙論を参照されたい。*Vérité de la démocratie*, Galilée, 2008.〔「民主主義の実相」、『フクシマの後で——破局・技術・民主主義』渡名喜庸哲訳、以文社、二〇一二年〕« Démocratie finie et infinie » dans *Démocratie, dans quel état ?*, La Fabrique, 2009.〔「終わりある／終わりなき民主主義」河村一郎訳、『民主主義は、いま？——不可能な問いへの8つの思想的介入』、以文社、二〇一一年）

訳註

（一）　ここで言及されているのは、二〇〇九年一一月から当時の大統領ニコラ・サルコジの呼びかけで行われた「ナショナル・アイデンティティに関する大討論」である。極右国民戦線の勢力拡大を前に保守派の支持を維持したいサルコジは厳しい移民政策を取り、翌年一月まで三カ月にわたって実施されたこの討論を経て、最終的には二〇一〇年一〇月に公共空間において顔を隠すことを禁じる法律（いわゆる「ブルカ禁止法」）が制定されることとなった。原書の奥付によれば本書は二〇一〇年一月に印刷されており、ナンシー自身が以下で書いているように、サルコジの動きに対して「大急ぎで」発表されたものだと言えるだろう。また英語版への序文では、本書が「怒りの感情」から生まれたとも述べられている（Jean-Luc Nancy, « Preface to the English-Language Edition » in *Identity : Fragments, Frankness*, translated by François Raffoul, Fordham University Press, 2015, p. vii）。

（二）　「染みをつけるグロ・ルージュ」の原語は、« gros rouge qui tache » で「質の悪い安物の赤ワイン」を意味する成句である。本節のタイトルとなっている « gros rouge » だけでも「安物の赤ワイン」を指す（字義どおりには「濃い赤」という意味）。カマンベールチーズは言うまでもなくノルマンディー地方原産のフランスを代表するチーズ。「ガリアの雄鶏」は「マリアンヌ」と並ぶフランスのシンボルであり、とりわけその闘志を表すとされている。風見鶏として教会の尖塔に掲げられることが多いほか、サッカーの代表チームのユニフォームにもその姿が見られる。

（三）　« vinasse » は「ワイン（vin）」と同語源の語で、ナンシーが述べているように粗悪な安ワインを意味し、そうした劣悪なワインの色やにおいを指す語としても用いられる。さらにこの語には、ワインの醸造過程で出る残渣の意味もある。

（四）　《 sujet 》という語には、「臣民・臣下」と「主体」という二つの意味がある。前者が、語源である「下に置かれたもの」を意味するラテン語《 subjectum 》に由来するのに対し、後者はカントの『純粋理性批判』の時期に確立された意味で、人間主体を基軸とする近代の原理を示している。

（五）　「バーヌース（burnous）」は、マグレブ諸国で着用される頭巾付きのコートのこと。成句《 faire suer le burnous 》で「使用人をこき使う」という意味になるが（文字どおりには「バーヌースに汗をかかせる」という意味）、もともとは植民地支配下でマグレブ人の使用人に労働をさせたことに由来する。「シントック（chintok）」は、中国系の人々への蔑称。「ブラック」と「ブール」は、黒人とマグレブ移民二世を指す。一九九八年のサッカー・ワールドカップで優勝したフランスチームに対する「ブラック－ブラン－ブール（black-blanc-beur）」という表現が有名（もともとはフランス国旗の三色「青－白－赤（bleu-blanc-rouge）」のもじり）。次段落の「ルブ（reubeu）」も、マグレブ系の若者を指す表現。「リタル（rital）」、「ポラック（polak）」、「ボッシュ（boche）」は、それぞれイタリア、ポーランド、ドイツ出身者に対する蔑称。

（六）　節題「フランクに」の原語《franchement》や、その形容詞《franc》、さらには本書の副題となっている名詞《franchise》は、「フランク族」を意味するラテン語の《francus》を語源としている。この語は、フランク族が自由民であったとされているため「自由な」という意味にもなる。さらに転じて現代フランス語では、「率直な」、すなわちカタカナ語でいう「フランク」も意味する。「自由な」という意味は以下の本文で言及される「自由民（franc-bourgeois）」や「単独行動者（franc-tireur）」といった表現や、いくつかの決まり文句があるほか、「解放する」、「自由にする」という意味の動詞《affranchir》として残っている。現代フランス語において「フランク族の」という意味の形容詞と、「率直な」、「自由な」という意味の形容詞は、男性形ではともに《franc》だが、女性形は前者が《franque》、後者が《franche》と別の形になる。以下では、《franc》という語の多義性を駆使した議論が展開されているが、一義に決定できない場合や語そのものを指している場合には、形容詞《franc》は「フランク」（フランス語の発音では「フラン」だが、カタカナ語やフランク族との関連から「フランク」とする）、名詞《franchise》は「フランクネス」と表記する。

（七）　« zone franche » は、文字どおりには「免税地域」を意味する。

（八）　二〇〇九年一一月二九日、スイスにおいて新たなミナレット（モスクに付属する塔）建設の禁止を問う国民投票が実施され、賛成多数で可決された。この投票は、フランスにおけるナショナル・アイデンティティをめぐる「討論」にも影響を与えたとされている。

（九）　「即自（en soi）」と「対自（pour soi）」は、文字どおりにはそれぞれ「自己において」、「自己に対して」を意味する。ヘーゲルにおいては、前者が分裂のない自己に密着した状態を、後者が他者との関係に媒介された状態を指し、最終的に「即かつ対自」の統一へと至るが、以下の記述を読めばわかるように、ナンシーにおいて重要なのは「対自」である。「対自（pour soi）」に含まれる前置詞 « pour » には、「……に代わって」という代理・交代の意味があり、ナンシーはそれを踏まえて「対自」を「自己に代わって」という同一化しえないものに自己が取って代わられる事態としても捉えている。「対自」にはそのような意味合いもあることを念頭に読み進まれたい。

（一〇）　マラルメ「エドガー・ポーの墓」冒頭の有名な詩句が参照されている（文脈に

合わせて、訳文は変更している)。「〈彼その人〉へと ついに 永遠は 彼を変容せしめ、／〈詩人〉は 白刃を振るって 掻き立てる、／この異形の声には 死が 勝ち誇っていたのだと／知らなかった故に 驚愕する 俗世の民を！」(『マラルメ詩集』渡辺守章訳、岩波書店〔岩波文庫〕、二〇一四年、一三二頁)

(一一) 「イデム (idem)」は、「同一の」を意味するラテン語で、「アイデンティティ (identité)」という語の語源。現代では、文献表などで同一のものの繰り返しを避けるために用いられている。

(一二) 「ネーション (nation)」という語は、ラテン語で「生まれる」を意味する動詞 « nasci » に由来する。

(一三) ランボーのいわゆる「見者の手紙」のなかの名高い一節 (『ランボー全詩集』宇佐美斉訳、筑摩書房〔ちくま文庫〕、二〇一二年〔第十一刷〕、四五一頁)。ナンシーは心臓移植経験を語る際などにもこの一節を引用している。Cf. Jean-Luc Nancy, « Un cœur au long cours », *Le Monde*, 2 janvier 2014.

(一四) 「スー」は新フラン以前の貨幣単位。「一スーは一スーだ (Un sou est un sou)」は、

「ニスーといえども無駄にするな」という意味の慣用表現で、ここで語られている行政権力にとっての貨幣や金銭の重要性が示唆されている。また、この表現が「AはAである(A est A)」という同一律であることにも注意されたい。

(一五)　ここでは「人民」に部分冠詞が付され「いくばくかの人民(du peuple)」とされている。前節でも「いくばくかの意味(du sens)」と記されていたように、不定冠詞によって「一」と数え上げられるわけでも、定冠詞によって一般化されるわけでもないもの、すなわち「特異(singulier)」なものを示すために、ナンシーはしばしば部分冠詞を用いる。

(一六)　ナンシーが述べていることから明らかだが、この段落での「国(pays)」とは「郷里」や「出生地」という意味での「国」である。フランス語では、「ホームシックにかかる(avoir le mal du pays)」という表現に同じ用法が見られる。また、« bled »はアラビア語に由来し、口語で軽蔑的なニュアンスを含んで「僻地」を意味するが、同時にそうした場所へのノスタルジックな感情も含んでいる。この点で、都会から離れた場所とふるさとを同時に意味する日本語の「田舎」に近い。

(一七)　「脱我有化(exappropriation)」については、たとえば二〇〇四年に行われたデリダ、ラクー＝ラバルト、ナンシーの対談を参照のこと。そこでデリダは次のように述べている。「私が脱我有化ということで言いたかったこと、それは、我有化の振る舞い、つまり遺言や遺産のように、自分の名のもとに留め、自分の名で記し、自分の名のもとに残すという身振り、これを脱我有化する必要がある、そこから離れる必要があるということです」（「ジャック・デリダ、フィリップ・ラクー＝ラバルト、ジャン＝リュック・ナンシーの対話」渡名喜庸哲訳、『思想』、第一〇八八号、岩波書店、二〇一四年、三六六頁）。

（一八）　「最も内なるところよりさらに内」は、アウグスティヌスが『告白』第三巻第六章で神を言い表した表現（『告白（Ｉ）』山田晶訳、中央公論新社［中公文庫］、二〇一四年、一二〇頁）。ナンシーが『侵入者』など多くの著作で好んで引用する表現でもある。

訳者あとがき

本書は、Jean-Luc Nancy, *Identité : Fragments, franchises*, Galilée, 2010 の全訳に、著者のジャン゠リュック・ナンシー氏に書き下ろしていただいた「日本語版のための序文」を付したものである。

凡例めいたことを最初に書いておけば、原文の « » は「 」にし、( ) は原文通りである。〈 〉は大文字ではじまる単語を示すほか、文意を明確にするために使用した箇所もある。また、意味の連関を明確にするために、原文にない「――」を補足した箇所があることをお断りしておく。〔 〕は訳者による補足である。原文のイタリック体による強調は、傍点によって示した。原註は（1）、（2）……、訳註は（一）、（二）……とし、ともに巻末に置いた。原註の書誌情報の誤りは断りなく修正している。

＊＊＊

二〇〇九年一一月、当時のニコラ・サルコジ大統領のもとナショナル・アイデンティティに関する討論が実施されることとなった（フランスの政治史におけるこの討論の位置づけについては、たとえば渡邊啓貴『現代フランス

――「栄光の時代」の終焉、欧州への活路』〔岩波書店、二〇一五年〕、小田中直樹『フランス現代史』〔岩波書店、二〇一八年〕などを参照していただきたい）。本書『アイデンティティ――断片、率直さ』は、多分に政治的なこの討論に対する応答として著されている。それゆえ、当時の状況が反映された部分も少なくないが、とはいえ本書が哲学者による政治状況へのたんなる介入や時評にとどまるものではないこともたしかだ。ナンシー自身が冒頭で述べているように、本書は「アイデンティティ＝同一性」をめぐる哲学的考察としても読むことができる。とりわけ、第6節や第9節で語られる「点（point）」と「軌道（tracé）」は、ナンシーの哲学において最重要と言っても過言ではない「意味（sens）」という概念を理解する鍵となるだろう。

また、本書と前後して発表された著作をあわせ読むと、より理解が深まるかもしれない。たとえば原註（15）で挙げられている「民主主義の実相」（渡名喜庸哲訳、『フクシマの後で――破局・技術・民主主義』、以文社、二〇一二年所収／原書二〇〇八年）や、「終わりある／終わりなき民主主義」（河村一郎訳、『民主主義は、いま？――不可能な問いへの8つの思想的介入』、以文社、二〇一一年所収／原書二〇〇九年）は、ハート＆ネグリとナンシーの関係を考えるうえで必読だろう。さらに、本書刊行の一カ月後に『アドラシオン――キリスト教的西洋の脱構築』（メランベルジェ眞紀訳、新評論、二〇一四年／原書二〇一〇年）が発表されていることも忘れてはならない。とりわけ、本書と同じくフォークナーの『響きと怒り』をエピグラフに掲げる『アドラシオン』の第Ⅰ章4節の記述は、本書と「キリスト教の脱構築」というプロジェクトとの接点を探ることができて興味深い。

とはいえ、こうした読み方はほんの一例に過ぎない。ほかにも、アイデンティティをめぐる現在のフランスや日本の政治状況に本書の記述を置き入れてみることもできるだろう。そのとき何が見えてくるだろうか。本翻訳が様々な読解へと読者をいざなうことができたならば、訳者としてそれに勝る喜びはない。

＊＊＊

本書の翻訳は、水声社の村山修亮さんにお声がけいただいたことがきっかけで始まった。訳者の博士論文の審査が終わってすぐの二〇二〇年二月のことである。その際、原書の刊行から十年が経過していることに鑑み、著者本人に日本語版のための序文の執筆をお願いしようということになったが、訳者はナンシーの哲学を研究対象としながらも、実のところこれまでナンシー氏本人と連絡を取ったことがまったくなかった。研究対象とはコンタクトを取らないという方針を頑固に守って研究してきたためだが、その方針を変えようと思えたのは、博士論文を書き上げたタイミングだったということはもちろん、公聴会終了後の打ち上げの席上で、副査の西山達也先生にナンシー氏本人と連絡を取ってみるよう勧められたことが大きい。その後、西山先生にはナンシー氏に序文の執筆をお願いする際にもお取次ぎいただいた。記して感謝する次第である。

その日本語版のための序文の末尾には「二〇二〇年二月」と記されているが、厳密に言うと訳者がナンシー氏本人から序文のテクストを受け取ったのは二月二六日のことである。なぜこのような細かいことを言うのかといえば、まさにこの日にジョルジョ・アガンベンの「エピデミックの発明」(高桑和巳訳、『現代思想』第四八巻第七号、青土社、二〇二〇年)が発表され、つづいて翌二月二七日にナンシーが「ウイルス性の例外化」(拙訳、同誌同号所収)という応答を公表し、新型コロナウイルスをめぐる議論の火ぶたが切られたからである。本書の日本語版のための序文が、これらのテクストと踵を接して書かれたものであることを記しておく。

最後に、本書を完成まで導いていただいた編集の村山修亮さんにあらためてお礼申し上げる。短期間で本翻訳を仕上げることができたのも、ひとえに村山さんのきめ細かなサポートと的確な助言のおかげである。そして何よりも、面識のない訳者からの突然のお願いにもかかわらず、快く序文を執筆してくださった著者のジャン゠リュック・ナンシー氏に心からの感謝を申し上げたい。

二〇二〇年一一月一五日

伊藤潤一郎

目次

著者／訳者について――

ジャン＝リュック・ナンシー（Jean-Luc Nancy）　一九四〇年、フランス・ボルドーに生まれる。現代フランスを代表する哲学者。ストラスブール・マルク・ブロック大学名誉教授。おもな著書に、『無為の共同体――哲学を問い直す分有の思考』（一九八六年／邦訳、以文社、二〇〇一年）、『自由の経験』（一九八八年／未來社、二〇〇〇年）、『限りある思考』（一九九〇年／法政大学出版局、二〇一一年）、『イメージの奥底で』（二〇〇三年／以文社、二〇〇六年）、『モーリス・ブランショ　政治的パッション』（二〇一一年／水声社、二〇二〇年）などがある。

＊

伊藤潤一郎（いとうじゅんいちろう）　一九八九年、千葉県に生まれる。早稲田大学大学院文学研究科博士後期課程修了。博士（文学）。現在、日本学術振興会特別研究員ＰＤ。専攻は、フランス哲学、キリスト教思想。おもな論文に、「ジャン＝リュック・ナンシーと人格主義」（『フランス哲学・思想研究』第二二号）、翻訳に、ミカエル・フッセル『世界の終わりの後で――黙示録的理性批判』（共訳、法政大学出版局、二〇二〇年）、ジャン＝リュック・ナンシー「あまりに人間的なウイルス」（雑誌『現代思想』第四八巻第七号、二〇二〇年五月）などがある。

装幀——宗利淳一

アイデンティティ――断片、率直さ

二〇二〇年一二月二〇日第一版第一刷印刷　二〇二一年一月一五日第一版第一刷発行

著者――ジャン＝リュック・ナンシー

訳者――伊藤潤一郎

発行者――鈴木宏

発行所――株式会社水声社
東京都文京区小石川二―七―五　郵便番号一一二―〇〇〇二
電話〇三―三八一八―六〇四〇　FAX〇三―三八一八―二四三七
［**編集部**］横浜市港北区新吉田東一―七七―一七　郵便番号二二三―〇〇五八
電話〇四五―七一七―五三五六　FAX〇四五―七一七―五三五七
郵便振替〇〇一八〇―四―六五四一〇〇
URL: http://www.suiseisha.net

印刷・製本――精興社

ISBN978-4-8010-0544-0

sentier de la critique 批評の小径

日本のうしろ姿　クリスチャン・ドゥメ　二〇〇〇円
みどりの国　滞在日記　エリック・ファーユ　二五〇〇円
ラマンタンの入江　エドゥアール・グリッサン　二八〇〇円
氷山へ　J・M・G・ル・クレジオ　二〇〇〇円
オペラティック　ミシェル・レリス　三〇〇〇円
ポストメディア人類学に向けて　ピエール・レヴィ　四〇〇〇円
つれづれ草　ジェラール・マセ　二八〇〇円
帝国の地図　つれづれ草II　ジェラール・マセ　二〇〇〇円
オーダーメイドの幻想　ジェラール・マセ　二〇〇〇円
記憶は闇の中での狩りを好む　ジェラール・マセ　二〇〇〇円
モーリス・ブランショ　政治的パッション　ジャン＝リュック・ナンシー　二〇〇〇円
マラルメ　セイレーンの政治学　ジャック・ランシエール　二五〇〇円
フローベールにおけるフォルムの創造　ジャン＝ピエール・リシャール　三〇〇〇円
ロラン・バルト　最後の風景　ジャン＝ピエール・リシャール　二〇〇〇円
夢かもしれない娯楽の技術　ボリス・ヴィアン　二八〇〇円

［価格税別］